UMSCHLAGBRIEF
Brief und Umschlag in einem

Sehr praktisch: Dieser Brief wird nach dem Beschreiben durch eine diagonale Faltung direkt zum Kuvert.

1 Schneide dafür die rechteckige Schablone (unten rechts) aus und lege sie gemäß Abbildung auf die untere Hälfte des geschriebenen Texts. Falte die rechte untere Ecke an der Kante der Schablone nach oben.

5 Den oberen – fast dreieckigen – Teil gemäß Abbildung nach unten falten.

6 Zum Schluss den Umschlag mit einem Aufkleber verschließen.

2 Falte dann die linke und die rechte Seite am Rand der Schablone und am Rand des Schreibfeldes zur Mitte.

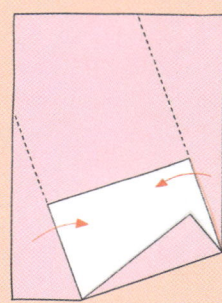

3 Klappe nun den unteren Teil (mit der Schablone) nach oben und falze das Papier mit dem Falzbein oder dem Fingernagel. Den letzten Falz noch mal kurz öffnen und die Schablone entfernen.

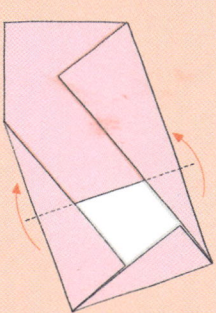

4 Die rechte obere Ecke gemäß Abbildung diagonal nach unten falten.

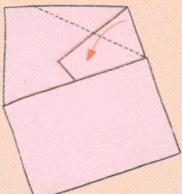

Schablone für Umschlagbrief

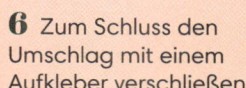

BRIEFUMSCHLÄGE
farbenfroh bunt

1 Den Brief-
umschlag aus-
schneiden; die
Schneidelinien
findest du auf
der Rückseite
der Seite.

2 Die Seiten zur
Mitte falten, dünn
mit Klebstoff ein-
streichen.

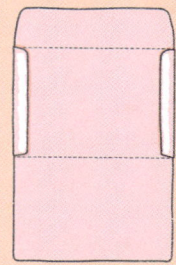

3 Den unteren
Teil des Um-
schlags nach
oben klappen
und fest-
kleben. Zum
Verschließen
den oberen Teil
umklappen und
festkleben.

BRIEFPAPIER
liebevoll gestaltet

Das Briefpapier heraustrennen, mit deiner
persönlichen Nachricht versehen und in
einen der Briefumschläge stecken.

KLAPPKARTEN
schnell gebastelt

1 Die Gruß-
karten an der
horizontalen
Linie in der
Mitte durch-
schneiden.

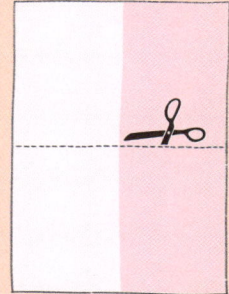

2 Die Karte vertikal in
der Mitte falten.

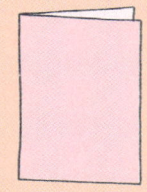

TIPP: Wer gerne noch
etwas bastelt, kann
Blumenmotive aus einer
Karte ausschneiden und
mit Abstandsklebepads
auf eine andere Karte
kleben. So bekommt
diese einen 3D-Look.

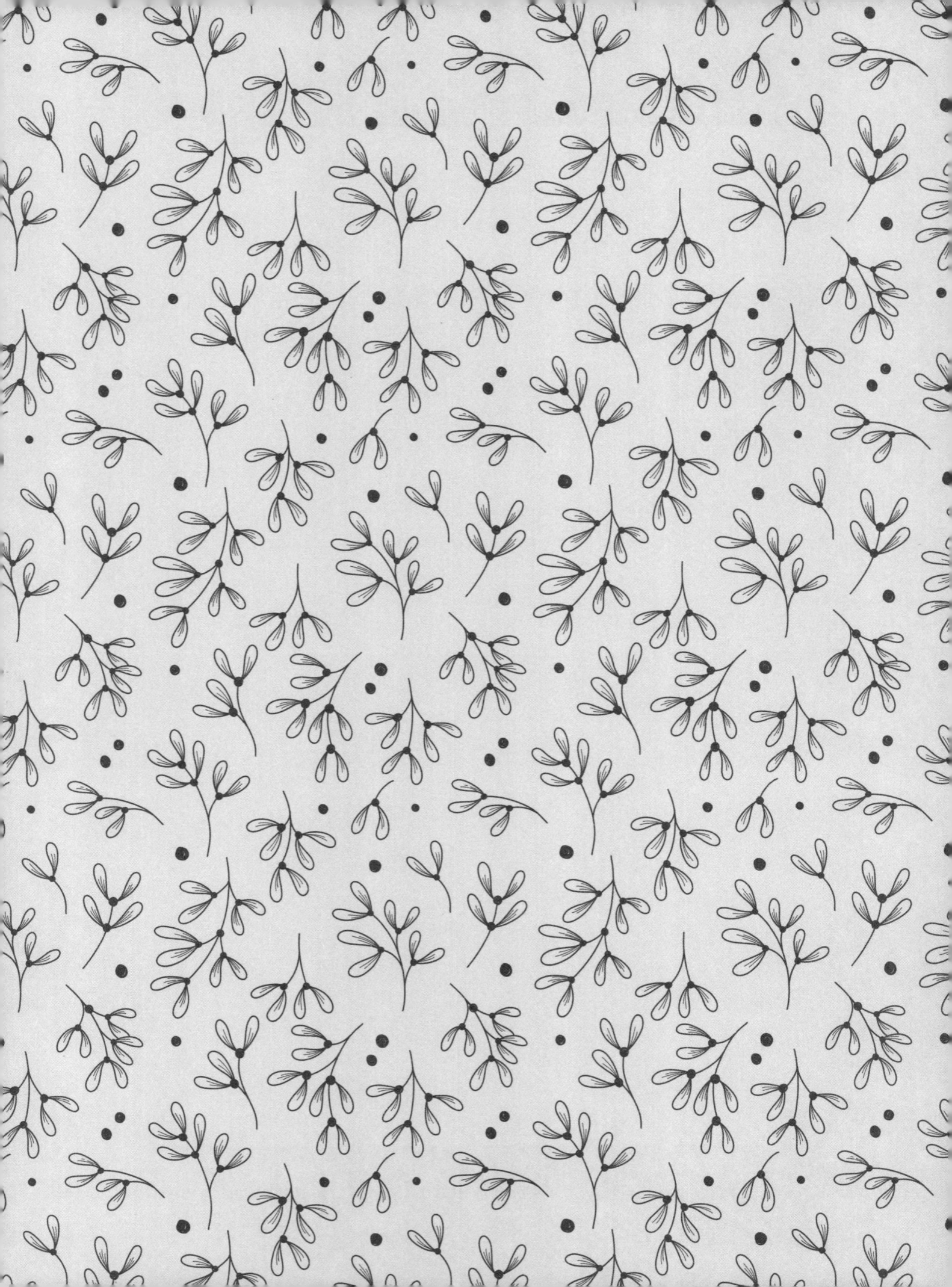

Frohe
WEIHNACHTEN

Frohe
WEIHNACHTEN